Khalil Gibran
Die Sehnsucht des Propheten

Diese Worte haben einen
Nachteil: Sie klingen so schön.
Überleg dir was du glaubst,
sei wählerisch.

Nia

Khalil Gibran

Die Sehnsucht des Propheten

Lebensweisheiten

Mit Illustrationen von
Wolfgang Nickel

PATMOS

Die Deutsche Bibliothek verzeichnet diese Publikation
in der Deutschen Nationalbibliografie;
detaillierte bibliografische Daten sind im Internet
über http://dnb.ddb.de abrufbar.

© 2003 Patmos Verlag GmbH & Co. KG, Düsseldorf
Alle Rechte vorbehalten.
Umschlagillustration: Regina Solf, Düsseldorf
Druck und Einband: fgb · freiburger graphische betriebe
ISBN 3-491-45003-9
www.patmos.de

Tief im Inneren der Seele des Menschen
gibt es eine Sehnsucht,
die den Menschen vom Sichtbaren
zum Unsichtbaren treibt:
zur Philosophie und zum Göttlichen.

Inhalt

Wie ich zum Narren wurde

Du fragst mich, wie ich zum Narren wurde? Das geschah so: Eines Tages, lange bevor die vielen Götter geboren waren, erwachte ich aus einem tiefen Schlaf und gewahrte, dass meine Masken gestohlen worden waren – die sieben Masken, welche ich in sieben Leben verfertigt und getragen hatte. – Unmaskiert rannte ich durch die vollen Straßen und schrie: «Diebe, Diebe, die verdammten Diebe!»

Männer und Frauen lachten. Einige liefen aus Angst vor mir in ihre Häuser.

Als ich zum Marktplatz kam, rief ein Junge von einem Hausdach: «Er ist ein Narr!» Ich blickte empor um ihn zu sehen: Da küsste die Sonne erstmals mein bloßes Antlitz. Zum ersten Mal küsste sie mein bloßes Antlitz, und meine Seele entflammte in Liebe zu ihr, und ich wünschte mir keine Masken mehr. Wie in Trance rief ich: «Segen, Segen über die Diebe, die meine Masken gestohlen!»

So wurde ich zum Narren.

Und in meiner Narrheit fand ich Freiheit und Sicherheit: die Freiheit der Einsamkeit und die Sicherheit vor dem Verstandenwerden. Denn diejenigen, welche uns verstehen, versklaven etwas in uns.

Aber ich will nicht zu stolz sein auf meine Sicherheit. Denn auch ein Dieb ist im Kerker sicher vor einem anderen Dieb.

Tränen und Lächeln

Weder möchte ich die Trauer meines Herzens gegen die Freuden der Menschen eintauschen, noch wäre es mir lieb, dass sich die Tränen meines Kummers in Lachen verwandelten. Vielmehr wünsche ich mir, dass es in meinem Leben stets Tränen und Lächeln gibt: Tränen, die mein Herz läutern und mir helfen, die Geheimnisse und Ungereimtheiten des Lebens besser zu verstehen, und Lächeln, das mich mit anderen Menschen verbindet und Gott verherrlicht. Durch Tränen teile ich den Schmerz aller gebrochenen Herzen und durch Lächeln bejahe ich das Leben.

Lieber stürbe ich vor Verlangen, als im Überfluss zu leben. Ich wünsche mir, dass meine Seele immerfort nach Liebe und Schönheit hungert, denn ich sah, dass die Satten die unglücklichsten Menschen sind, und die Seufzer der Sehnsucht erschienen mir wohlklingender als Glockengeläut.

Wenn der Abend kommt, schließt die Blume ihre Blütenblätter über ihrer Sehnsucht und schläft ein. Sobald der Morgen naht, öffnet sie ihre Lippen dem Kuss der Sonne. Das Leben der Blume ist Sehnsucht und Erfüllung, eine Träne und ein Lächeln.

Das Wasser des Meeres verdunstet, steigt auf und verdichtet sich zu Wolken, die über Hügel und Täler dahinziehen. Begegnen sie dem Wind, sinken sie weinend auf die Felder hinab, vereinigen sich mit den Flüssen und kehren ins Meer zurück – zu ihrem Ausgangspunkt. Auch das Leben der Wolken ist Trennung und Begegnung, eine Träne und ein Lächeln.

Ebenso ist es mit der Seele. Sie trennt sich vom unendlichen Geist und begibt sich in die Materie. Dort schwebt sie wie eine Wolke über den Bergen der Traurigkeit und den Tälern der Freuden, bis sie dem Hauch des Todes begegnet. Dann kehrt sie zurück, woher sie

kam, zum Meer der Liebe und der Schönheit,
zu Gott …

Die Seele

Der Gott der Götter nahm einen Teil von sich selber und schuf daraus die Schönheit.

Er gab ihr die Zärtlichkeit der Morgenbrise, den Wohlgeruch der Feldblumen und die Sanftheit des Mondlichts.

Dann reichte er ihr den Kelch der Freude und sprach:

«Trink erst daraus, wenn du die Vergangenheit vergessen hast und die Zukunft nicht beachtest!»

Und als er ihr den Kelch der Trauer reichte, sagte er:

«Wenn du davon trinkst, gelangst du zum Wesen der Freude!»

Und er schenkte ihr die Liebe, die sie mit dem ersten Seufzer der Befriedigung verlässt – und die Anmut, die sich mit dem ersten gesprochenen Wort entfernt.

Er stattete sie aus mit dem Wissen vom Himmel, das sie auf den Weg der Wahrheit führt, und mit Einfühlungsvermögen, damit sie sieht, was das Auge nicht zu sehen vermag.

Auch mit der Fähigkeit der Zuneigung und der Vision betraute er sie.

Dann legte er ihr das Gewand der Sehnsucht an, das die Engel aus den Bahnen des Regenbogens gewebt hatten.

Schließlich schuf er in ihr die Dunkelheit der Verwirrung, den Schatten des Lichtes.

Und Gott nahm Feuer aus den Schmelzöfen des Zornes, Wind aus den Wüsten der Unwissenheit, Sand von den Küsten des Meeres der Eigenliebe und Staub von den Fußsohlen der Zeit, und er schuf daraus den Menschen. Er gab ihm eine geheimnisvolle Kraft, die im Wahnsinn entbrennt und sich im Verlangen verzehrt. Dann hauchte er das Leben in ihn ein, und das Leben ist der Schatten des Todes.

Und Gott lächelte und weinte. Er empfand eine Liebe, die weder Grenzen noch Hinder-

nisse kennt. Und er vereinte den Menschen
mit seiner Seele.

Hab Erbarmen, meine Seele,
hab Erbarmen

Wie lange willst du noch klagen, meine Seele,
und du kennst meine Schwachheit?
Bis wann willst du mich anklagen,
und ich besitze nur menschliche Worte
um deine Träume auszudrücken.

Bedenke, o Seele,
dass ich mein Leben damit zubrachte,
deinen Worten zu lauschen.
Und du hörst nicht auf, mich zu quälen.
Sieh, wie ich meinen Körper marterte
um deinen Schritten zu folgen!

Einst war mein Herz mein König,
nun ist es dein Sklave,
Geduld war mein Tröster,
mit dir wurde sie mein Vorwurf.

Die Jugend war mein Begleiter,
nun ist sie mein Tadler.
Was verlangst du noch mehr
von diesen Gaben der Götter?

Ich verleugnete mich,
kehrte den Freuden des Lebens den Rücken
und hörte auf,
nach Ruhm und Ehre zu streben.
Jetzt bleibt mir nichts außer dir.

Fälle ein gerechtes Urteil über mich
– denn Gerechtigkeit ist dir eigen –,
oder rufe den Tod herbei,
damit er mich befreit aus den Fesseln,
die dein Wesen mir anlegt.

Hab Erbarmen, meine Seele,
du hast mich beladen
mit einer Liebe,
die ich nicht tragen kann.
Du und die Liebe –
ihr seid eine vereinte Kraft,

ich und die Materie hingegen –
eine vereinte Schwäche.
Soll der Kampf
zwischen Stärke und Schwäche
in Ewigkeit andauern?

Hab Erbarmen, meine Seele!
Du zeigtest mir das Glück
aus weiter Entfernung.
Du und das Glück –
ihr thront auf einem hohen Berg,
ich und das Unglück aber –
weilen in einem tiefen Tal.
Werden Höhe und Tiefe
sich einmal begegnen?

Hab Erbarmen, meine Seele!
Du hast mir die Schönheit offenbart
und sie dann vor mir verborgen.
Du und die Schönheit,
ihr seid im Licht,
ich und die Unwissenheit dagegen –
in tiefer Finsternis.

Können Licht und Finsternis
sich miteinander vereinen?

Du, o Seele, freust dich auf das Ende,
bevor es anbricht,
doch dieser Körper leidet am Leben,
während er lebt.

Du eilst auf die Ewigkeit zu,
und dieser Körper nähert sich
schleppend dem Nichts.
Du kennst kein Verweilen,
und er hat keine Eile,
und das ist bedauernswert, meine Seele!

Du strebst nach oben
mit Hilfe der Anziehungskraft des Himmels,
und dieser Körper
zieht mich nach unten
mit der Schwerkraft der Erde.
Weder tröstest du ihn,
noch beglückwünscht er dich.
Das ist Hass, meine Seele!

Du bist reich an Weisheit, meine Seele,
und dieser Körper
ist arm an Einsicht.
Du aber erleichterst ihm nichts,
und so folgt er dir nicht.
Das ist das größte Elend, meine Seele!

In der Stille der Nacht
gehst du zum Geliebten
und erfreust dich
an seinen Küssen und Umarmungen;
dieser Körper aber verzehrt sich
vor Sehnsucht und Trennung.
Hab Erbarmen, meine Seele,
hab Erbarmen!

Die sieben Ich

In der stillsten Stunde der Nacht – ich war halb eingeschlafen – kamen meine sieben Ich zusammen und flüsterten miteinander:

Erstes Ich: «Ich hauste all die Jahre hier in diesem Narren und hatte nichts zu tun, als bei Tag seinen Schmerz zu schüren und ihm bei Nacht neue Sorgen zu bereiten. Ich kann mein Los nicht länger ertragen, und jetzt lehne ich mich dagegen auf!»

Zweites Ich: «Dein Los ist besser als meines, Bruder, denn meine Aufgabe ist's, das fröhliche Ich dieses Narren zu sein. Ich lache sein Lachen, ich singe seine glücklichen Stunden, und mit dreimal beflügelten Schuhen tanze ich seine Heiterkeit. Ich bin's, der sich gegen dieses beschwerliche Los auflehnt!»

Drittes Ich: «Und was ist mit mir, dem von Liebe tollen Ich, der Flamme wilder Leidenschaft und fantastischer Begier? Ich liebeskrankes Ich lehne mich gegen diesen Narren auf!»

Viertes Ich: «Ich bin unter euch allen das elendste, denn ich kann nur mit stetem Hass und Abscheu alles zerstören. Ich bin der Höllensturm aus schwarzer Finsternis und ich will diesem Narren nicht länger dienen!»

Fünftes Ich: «Nein, ich bin es, das denkende, das fantasievolle Ich, von Hunger und Durst dazu verdammt, rastlos Unbekanntes und noch nicht Geschaffenes zu suchen. Ich habe mich zu beklagen, nicht ihr!»

Sechstes Ich: «Ich bin der elende Arbeiter, der mit geduldigen Händen und mit sehnsüchtigem Blick die Tage erst zu Bildern formt und den Stoffen neue und ewige Gestalt verleiht. In meiner Einsamkeit lehne ich mich gegen diesen ruhelosen Narren auf!»

Siebentes Ich: «Wie seltsam, dass ihr euch gegen diesen Mann auflehnt, hat doch jedes von euch eine bestimmte Aufgabe. Ach hätte ich doch, wie ihr, auch eine Bestimmung! Aber ich habe keine. Ich kauere im Dunkel, ohne

Raum und Zeit, und tue nichts, während ihr eifrig neues Leben erschafft. Bin ich es, der sich zu beklagen hat, oder seid ihr es, Nachbarn?»

Nachdem das siebente Ich so gesprochen hatte, sahen die anderen sechs es mitleidig an und schwiegen – und als die Nacht fortschritt, schliefen sie eines nach dem anderen ein, froh, eine neue Aufgabe zu haben.

Das siebente Ich aber blieb wach und blickte weiter in das Nichts, das hinter allen Dingen ist.

Glückseligkeit

Ich suchte die Glückseligkeit im Alleinsein,
Und als ich mich ihr näherte, hörte ich,
Wie meine Seele mir ins Herz flüsterte:
«Die Glückseligkeit, die du suchst, ist eine
    Jungfrau,
Geboren und aufgewachsen in den Tiefen
    eines jeden Herzens,
Und sie verlässt ihren Geburtsort nicht.»
Und als ich mein Herz öffnete, um sie zu
    finden,
Da entdeckte ich darin nur ihren Spiegel,
Ihre Wiege und ihr Gewand,
Aber die Glückseligkeit fand ich dort nicht.

Glückseligkeit ist ein Mythos, dem wir
    nachjagen,
Und wenn wir sie gefunden haben, verdrießt
    es uns.

Wie der Fluss, der eilig in die Ebene rauscht,
Dort angekommen langsam wird und düster.

Denn der Mensch ist nur glücklich
In seinem Streben nach der Höhe,
Wenn er sein Ziel erreicht hat,
Verliert sich der Zauber, und er sehnt
sich nach anderen Höhenflügen.

Glückseligkeit auf Erden ist wie eine Flotte
Vorbeiziehender Geister, nach denen der
    Mensch
Begierig greift, ohne auf Geld oder Zeit zu
    achten.
Und wenn die Erscheinung sich in
    Wirklichkeit verwandelt,
Wird sie dem Menschen bald langweilig.

Die Schlafwandler

In meiner Heimatstadt lebte eine Frau mit ihrer Tochter. Beide wandelten im Schlaf.

Eines Nachts, als alle Welt schwieg, trafen sich Mutter und Tochter schlafwandelnd in ihrem nebelverhangenen Garten.

Und die Mutter sprach und sagte:

«Endlich habe ich dich, Feindin! Du warst es, die meine Jugend zerstörte, und auf den Ruinen meines Lebens bist du groß geworden. Ich möchte dich töten!»

Und die Tochter erwiderte und sagte:

«Verhasstes Weib, selbstsüchtige Alte. Immer noch stehst du meiner Freiheit im Weg. Mein Leben soll wohl immer nur ein Echo deines Lebens sein. Ach, wärest du doch tot!»

In diesem Augenblick krähte der Hahn, und beide Frauen erwachten. Voller Sanftmut fragte die Mutter: «Bist du es, mein Herz?», und die Tochter antwortete sanftmütig: «Ja, liebe Mutter.»

Jenseits meiner Einsamkeit

Jenseits meiner Einsamkeit liegt eine andere Einsamkeit, und wer sie bewohnt, dem erscheint meine Einsamkeit wie ein bevölkerter Marktplatz und mein Schweigen wie lautes Stimmengewirr.

Zu jung bin ich und zu ruhelos, um nach der Einsamkeit jenseits meiner Einsamkeit zu suchen. Die Stimmen des Tales drüben halten meine Ohren in Bann und seine Schatten versperren meinen Weg dorthin.

Hinter diesen Hügeln liegt ein friedlicher Hain. Wer ihn bewohnt, dem erscheint mein Friede wie ein Wirbelwind und mein Glück wie eine Illusion.

Zu jung bin ich und zu ausgelassen, um nach diesem friedlichen Hain zu streben. Der Geschmack von Blut haftet noch an meinen Lippen, Pfeil und Bogen meiner Väter sind noch in meinen Händen, und ich kann nicht dorthin aufbrechen.

Hinter diesem Ich, das von schweren Lasten niedergedrückt ist, liegt mein freieres Ich; ihm erscheinen meine Träume wie Kampfhandlungen, die in der Dämmerung ausgetragen werden, und meine Wünsche wie das Geklapper eines Skeletts.

Zu jung bin ich und zu maßlos, um mein freieres Ich zu sein.

Und wie könnte ich auch mein freieres Ich werden, ohne mein beladenes Ich zu beseitigen und ohne dass alle Menschen befreit werden?

Wie sollen meine Blätter fliegen und mit dem Wind singen, ohne dass meine Wurzeln im Dunkel verdorren?

Und wie soll sich der Adler in mir zur Sonne erheben, solange meine Jungen nicht das Nest verlassen haben, das ich mit meinem Schnabel für sie baute?

Die große Sehnsucht

Hier sitze ich zwischen meinem Bruder, dem Berg, und meiner Schwester, der See.

Wir drei sind eins in der Einsamkeit. Die Liebe, die uns verbindet, ist tief, stark und fremd. Nein, sie ist tiefer als meiner Schwester Tiefe, stärker als meines Bruders Stärke und fremder als das Fremdartige meiner Narrheit.

Äonen über Äonen vergingen, ehe der erste graue Dunst uns einander offenbarte. Wir sahen Geburt, Glanz und Tod vieler Welten, sind aber immer noch voll jugendlicher Begierde.

Wir sind voll jugendlicher Begierde und sind doch ohne Gefährten, und niemand lenkt seine Schritte zu uns. Unsere geschwisterliche Umarmung wurde nie gelöst, wir sind aber dennoch nicht glücklich. Welches Glück wäre auch unerfüllter Sehnsucht und nie gelebter Leidenschaft beschieden? Von wannen kommt ein flammender Gott, meiner Schwester Bett zu wärmen? Welche Flut wird meines Bruders Feuer löschen? Und wer wird die Frau sein, meinem Herzen zu befehlen?

In der Stille der Nacht murmelt meine Schwester des unbekannten Feuergottes Namen. Mein Bruder ruft nach der fernen kühlen Göttin. Wes Namen ich in meinen Träumen rufe, weiß ich nicht. ...

Hier sitze ich zwischen meinem Bruder, dem Berg, und meiner Schwester, der See. Wir drei sind eins in der Einsamkeit. Die Liebe, die uns verbindet, ist tief, stark und fremd.

Liebe

Schakal und Maulwurf
– so sagt man –
trinken vom gleichen Strom,
an dem auch der Löwe
seinen Durst stillt.

Schakal und Geier
– so sagt man –
bohren ihren Schnabel
in den gleichen Kadaver,
und sie vertragen sich
in der Gegenwart des Todes.

O Liebe, die mit gebieterischer Hand
mein Sehnen stets im Zaume hielt,
die meinen Hunger und meinen Durst
auf Tugend und Ehrgefühl richtete,
lass niemals zu,

dass das Starke und Beständige in mir
das Brot essen und den Wein trinken wird,
nach dem mein schwaches Ich verlangt!
Lass lieber mein Herz verschmachten,
lass mich lieber vor Hunger sterben,
bevor ich meine Hand ausstrecke
nach einem Glas,
das du nicht gefüllt hast,
und nach einer Schüssel,
die du nicht gesegnet hast.

Mein Freund

Mein Freund, ich bin nicht dein Freund. Mein Schein ist bloß ein sorgfältig gewobenes Kleid, das ich trage, um mich vor deinen Fragen und dich vor meiner Gleichgültigkeit zu schützen.

Das «Ich» in mir, mein Freund, wohnt in dem Haus der Stille. Dort soll es bleiben, immerdar, unerkannt – und unnahbar.

Du sollst meinen Worten keinen Glauben schenken und sollst meinem Tun misstrauen – denn meine Worte sind nur das Echo deiner Gedanken und meine Taten bloß deine verwirklichten Wünsche. Sagst du: «Der Wind weht von Osten», so sage ich: «Ja, er weht von Osten.» – Du sollst nicht wissen, dass nicht der Wind meinen Sinn bewegt, sondern die See. Du kannst meine seefahrenden Gedanken nicht erraten. Ich will mit der See allein sein.

Wenn für dich Tag ist, mein Freund, ist für mich Nacht. Und doch rede ich von Mittagsglanz, der über Hügeln tanzt, und von dem Purpurschatten, der sich durch das Tal stiehlt. Du kannst die Lieder meiner Finsternis nicht hören und siehst nicht, wie meine Flügel gegen die Sterne schlagen. – Du sollst nicht sehen und sollst nicht hören. Ich will mit der Nacht allein sein.

Wenn du in deinen Himmel aufsteigst, steige ich in meine Hölle hinab – und sogar dann noch rufst du über den unüberbrückbaren Golf: «Mein Gefährte, mein Kamerad!», und ich rufe zurück: «Mein Kamerad, mein Gefährte!», denn du sollst meine Hölle nicht sehen! Die Flamme würde dir das Augenlicht verbrennen und der Rauch deine Nüstern schwären. Ich liebe meine Hölle zu sehr, als dass du sie besuchtest. Ich will in der Hölle allein sein.

Du liebst die Wahrheit, die Schönheit und das Recht. Um deinetwillen heiße ich dies alles auch gut. In meinem Herzen aber lache ich über deine Liebe. Doch sollst du mein Lachen nicht hören. Ich will alleine lachen.

Du bist gut, mein Freund, behutsam und weise. Nein, vollkommen bist du! – Und ich: Ich rede behutsam und weise mit dir. Und doch bin ich ein Narr. Aber ich habe meine Narrheit maskiert. Ich will in meiner Narrheit allein sein.

Mein Freund, du bist nicht mein Freund. Wie kannst du das verstehen? Mein Weg ist nicht dein Weg, und doch gehen wir gemeinsam, Hand in Hand.

Narrheit

Der Narr sieht nichts als Narrheit und der Verrückte nur Verrücktes. Gestern bat ich einen Narren, die Toren unter uns zu zählen. Er lachte und sprach: «Diese Aufgabe ist zu schwierig und dauert zu lang. Wäre es nicht besser, nur die Weisen zu zählen?»

Einmal hörte ich, wie ein gelehrter Mann sprach: «Jedes Übel kann geheilt werden, nur Torheit ist unheilbar. Einen eigensinnigen Toren zu rügen oder einem Tölpel zu predigen, ist, als ob man auf das Wasser schreiben wollte. Christus heilte die Blinden, die Hinkenden, die Lahmen und die Aussätzigen. Aber die Toren konnte auch er nicht heilen.»

Zwischen Wahrheit und Fantasie

Das Leben trägt uns von einem Ort zum anderen, und das Schicksal führt uns aus einem Milieu ins andere; doch wir sehen nichts als die Steine auf unserem Weg und hören nur die Stimme, die wir fürchten.

Vor uns erscheint die Schönheit auf dem Thron der Ehre; wir eilen zu ihr, und im Namen der Sehnsucht besudeln wir ihre Schleppe und rauben ihr die Krone der Reinheit.

Die Liebe zieht an uns vorüber im Gewand der Sanftmut; wir verbergen uns aus Furcht vor ihr in dunklen Höhlen, oder wir folgen ihr und tun in ihrem Namen Unrecht.

In unserer Mitte weilt der Weise und trägt sein schweres Joch, doch es ist sanfter als der Atem einer Blume und zarter als die Morgenbrise des Libanon.

An der Straßenkreuzung steht die Weisheit

und ruft uns über die Köpfe der Menschen hinweg zu; doch wir beachten sie nicht und verachten diejenigen, die ihr folgen.

Die Freiheit lädt uns an ihre Tafel, damit wir ihren Wein und ihre Speisen kosten; doch wir füllen unseren Magen an anderen Tischen, die uns zur Schmach gereichen.

Die Natur reicht uns die Hand der Freundschaft, sie lädt uns ein, damit wir uns an ihrer Schönheit erfreuen; doch wir fürchten ihre Stille und fliehen in die Städte, wo wir uns zusammendrängen wie eine Herde Lämmer beim Anblick des Wolfes.

Im Lächeln eines Kindes oder im Kuss des Geliebten sucht uns die Wahrheit auf; wir aber verschließen ihr die Türen und verstoßen sie, als wäre sie unrein.

Und während das Herz unseren Beistand sucht und die Seele uns ruft, verharren wir stumm wie ein Stein; weder hören wir, noch verstehen wir etwas. Wenn aber jemand den Ruf seines Herzens hört und ihm folgt, sagen wir von ihm, er sei besessen, und halten uns fern von ihm. Auf diese Weise gehen die Nächte vorüber, ohne dass wir ihnen Beachtung schenken; und die Tage folgen ihnen und begrüßen uns, doch wir fürchten die Nächte und die Tage.

Wir stehen der Erde nahe und sind verwandt mit den Göttern. Wir gehen am Brot des Lebens vorüber, während der Hunger an unseren Kräften zehrt. Wie lieb ist uns das Leben, aber wie weit sind wir vom Leben entfernt.

Die Nacht und der Narr

«Ich bin wie du, o Nacht, dunkel und nackt; ich begehe den flammenden Pfad hoch über den Träumen meiner Tage, und wo mein Fuß die Erde berührt, entspringt eine riesige Eiche.»
«Nein, o Narr, du bist nicht wie ich. Immer noch blickst du dich um nach der Fußspur, die du im Sand hinterlässt.»
«Ich bin wie du, o Nacht, verschwiegen und tief. Im Herzen meiner Einsamkeit liegt eine Göttin in Wehen, und in dem, der aus ihr geboren wird, berühren sich Himmel und Erde.»
«Nein, o Narr, du bist nicht wie ich. Noch schauderst du vor Schmerz und schreckst vor dem Lied des Abgrunds zurück.»
«Ich bin wie du, o Nacht, wild und schrecklich. In meinen Ohren dröhnen das Geschrei besiegter Völker und das Wehklagen längst vergessner Kontinente.»

«Nein, o Narr, du bist nicht wie ich. Immer noch hast du deine kleinliche Seele zum Gefährten und kannst mit deiner größeren Seele nicht Freund sein.»

«Ich bin wie du, o Nacht, abscheulich und grausam. Meine Brust leuchtet im Schein brennender Schiffe und meine Lippen triefen vom Blut erschlagener Krieger.»

«Nein, o Narr, du bist nicht wie ich. Immer noch verlangst du nach einer Schwesterseele und hast dein eigenes Gesetz nicht gefunden.»

«Ich bin wie du, o Nacht, glücklich und froh. Wer in meinem Schatten lebt, ist trunken von jungem Wein, und wer mir folgt, sündigt frohgemut.»

«Nein, o Narr, du bist nicht wie ich. Deine Seele ist hinter sieben Schleiern verborgen und du hast dein Herz nicht in der Hand.»

«Ich bin wie du, o Nacht, leidenschaftlich und geduldig. In meiner Brust liegen tausend tote Liebende in den Wanten verwester Küsse begraben.»

«Ja, Narr, bist du wie ich? Bist du wie ich?

Kannst du den Sturm als Schlachtross reiten und den Blitz als Schwert führen?»

«Wie du, o Nacht, wie du, groß und mächtig. Mein Thron steht auf Bergen gefallener Götter. Die Tage ziehn an mir vorüber, sie küssen den Saum meines Gewandes und erblicken doch nie mein Gesicht.»

«Bist du wie ich, Kind meines dunkelsten Herzens? Denkst du meine wilden Gedanken, sprichst du meine verheerende Sprache?»

«Ja, o Nacht, Zwillingsbrüder sind wir. Du offenbarst das All, und ich offenbare meine Seele.»

Lied

In den Tiefen meiner Seele wohnt ein Lied,
das sich weder in Worte kleiden
noch mit Tinte zu Papier bringen lässt,
es umgibt meine Gefühle wie eine Hülle
und gelangt nicht auf meine Zunge.

Wie kann ich es anstimmen,
ohne es rauen Winden auszusetzen?
Wem kann ich es singen,
ohne es groben Ohren preiszugeben?

In meiner Seele wohnt ein Lied,
und wenn du tief in meine Augen schautest,
sähest du den Schatten seines Schattens;
wenn du meine Fingerspitzen berührtest,
fühltest du sein Zittern.

Die Werke meiner Hände bringen es ans
    Licht,
wie ein See das Leuchten der Sterne spiegelt;
und meine Tränen enthüllen es
wie die Tautropfen das Geheimnis der Rose,
wenn sie sich unter der Sonne auflösen.

Es ist ein Lied, das in der Stille erklingt
und beim Lärm verstummt,
das sich im Traum offenbart
und beim Erwachen zurückzieht.

Es ist das Lied der Liebe.
Welcher Ishak* wird es anstimmen?
Welcher David wird es vortragen?

Sein Duft ist lieblicher
als der des Jasmin.
Welche Kehle wird es singen?
Wohlbehüteter ist sein Geheimnis
als das der Jungfräulichkeit.
Welche Saiten werden es offenbaren?

Wer verbindet in seinem Lied
das Brausen des Meeres
mit dem Gezwitscher der Nachtigall,
das Heulen des Sturmes
mit dem Seufzer eines Kindes?
Welcher Mensch
wird das Lied der Götter anstimmen?

* Ishak al-Mausili, berühmter arabischer Musiker (767–850)

Besuch der Weisheit

In der Stille der Nacht kam die Weisheit zu mir und blieb an meinem Bett stehen. Sie schaute mich mit dem Blick einer liebenden Mutter an, und indem sie mir die Tränen von den Wangen wischte, sagte sie:

«Ich hörte den Ruf deiner Seele, und ich bin gekommen um dich zu trösten. Öffne mir dein Herz und ich werde es mit Licht füllen. Frage mich und ich zeige dir den Weg der Wahrheit!»

Ich sagte: «Wer bin ich, o Weisheit, und wie bin ich an diesen furchterregenden Ort gekommen? Was bedeuten diese großen Hoffnungen, die zahlreichen Bücher und die seltsamen Zeichnungen? Was sollen diese Gedanken, die wie Scharen von Tauben vorbeiziehen? Und diese Worte – mit Lust gedichtet und mit Wonne deklamiert? Welcher Art sind die betrüblichen und erfreulichen Regungen, die meinen Geist befallen und mein Herz umfangen? Was für Augen sind das, die bis in mein Innerstes sehen und sich von meinen Leiden abwenden? Was für Stimmen sind das, die meine Tage beklagen und meine Bedeutungslosigkeit besingen? Was ist diese Jugend, die mit meinen Gefühlen spielt und sich über meine Sehnsucht mokiert – vergessend die Taten von gestern, sich freuend an den Belanglosigkeiten des Heute und die zukünftigen Dinge verachtend –?

Was für eine Welt ist das, die mich ins Unbekannte führt und mit mir an unbedeutenden Plätzen Halt macht? Was für eine Erde, die ihren Mund weit öffnet, um die Kadaver hinunterzuschlucken, und ihr Herz den Begierden öffnet, die sich darin ansiedeln? Und was für ein Mensch ist das, der sich mit der Liebe zum Glück begnügt, nicht ahnend, dass sie ihn in den Abgrund führt? Wer trachtet nach dem Kuss des Lebens, wenn der Tod ihn ohrfeigt? Wer erkauft sich eine Minute Lust für ein Jahr Bedauern? Wer gibt sich dem Schlaf hin, wenn die Träume ihn rufen? Wer läuft mit den Flüssen der Unwissenheit zum Meer der Finsternis? O Weisheit, was für Dinge sind das?»

Und die Weisheit antwortete:

«Du versuchst, o Mensch, die Welt mit den Augen eines Gottes zu sehen und die Geheimnisse der kommenden Welt mit menschlichem Geist zu ergründen. Und das ist der Gipfel der Narrheit!

Geh hinaus in die Natur. Dort findest du die Biene eine Blume umkreisen und den Geier, der sich auf seine Beute stürzt. Tritt ein in das Haus deines Nachbarn. Du wirst dort das Kind finden, das über die Feuerflammen staunt, während seine Mutter mit einer Hausarbeit beschäftigt ist. Sei wie die Biene und verschwende nicht die Zeit des Frühlings damit, den Geier zu beobachten. Sei wie das Kind. Freu dich über die Flammen des Feuers und lass deine Mutter sich um die Hausarbeit kümmern.

Alles, was du mit deinen Augen siehst, ist für dich und wird für dich sein. Die vielen Bücher, die seltsamen Zeichnungen und die schönen Gedanken sind die Schatten der Geister, die dir vorausgegangen sind. Die Worte, die du webst, sind Brücken zwischen dir und deinen Brüdern. All die betrüblichen und erfreulichen Regungen sind Samen, welche die Vergangenheit ausgestreut hat in das Feld des menschlichen Geistes um in die Zukunft einzudringen. Diese Jugend, die mit deinen Gefühlen spielt, ist derjenige, der die Tür deines Herzens öffnen will um das Licht einzulassen. Die Erde, die ihren Mund öffnet um die Kadaver zu verschlingen, wird deine Seele aus der Sklaverei deines Körpers befreien. Diese Welt, die mit dir unterwegs ist, ist dein Herz, und ein Herz ist alles, was du für diese Welt hältst. Und der Mensch, den du als unwissend und gering bezeichnest, ist aus Gott gekommen, um Freude durch Leid zu erlernen und Wissen durch Finsternis.»

Nach diesen Worten legte die Weisheit ihre Hand auf meine brennende Stirn und sagte: «Geh weiter und bleib nicht stehen, denn vor dir ist die Vollendung. Geh und fürchte nicht die Dornen auf dem Weg, denn sie greifen nur das unreine Blut an.»

Frieden

Der Sturm beruhigte sich, nachdem er Pflanzen und Zweige gezwungen hatte, sich vor ihm zu verbeugen. Die Sterne erschienen wie verstreute Reste der Blitze an der Oberfläche des Himmels. Die Felder schwiegen, als ob der Krieg der Elemente nicht stattgefunden hätte.

Da betrat ein junges Mädchen ihren Raum, warf sich auf ihr Bett und weinte bitterlich. Dann seufzte sie und rief:

«Bring ihn mir zurück, o Herr, denn meine Tränen sind versiegt und mein Herz ist geschmolzen! Bring ihn mir zurück, o Geist, der mit einer Weisheit richtet, die den Verstand des Menschen übersteigt! Die Ausdauer hat mich verlassen und Verzweiflung beherrscht mich. Befreie ihn aus den Krallen des Krieges! Rette ihn aus den Händen des Todes! Hab Erbarmen mit einem schwachen Jüngling, der ein Opfer der Gewalt der Mächtigen wurde, die ihn mir geraubt haben.

Besiege deinen Feind, den Krieg, o Liebe, und rette meinen Geliebten, denn er ist einer deiner Söhne. Entferne dich von ihm, Tod, und lass ihn mich wieder sehen, oder komm und bring mich ihm!»

In diesem Augenblick trat ein Jüngling ein, dessen Kopf einen weißen Verband trug, auf den der Krieg mit roten Buchstaben geschrieben hatte. Er näherte sich dem jungen Mädchen mit Lächeln und Tränen. Dann nahm er ihre Hand und legte sie an seine brennenden Lippen. Mit einer Stimme, in der sich Liebesleid und Wiedersehensfreude mischten, sagte er:

«Erschrick nicht, denn derjenige, um den du weinst, ist zurückgekehrt! Freu dich vielmehr, denn der Friede bringt dir wieder, was der Krieg genommen hat, und der Sohn der Menschlichkeit gibt dir zurück, was der Sohn der Habgier dir geraubt hat. Trockne deine

Tränen, Geliebte, und lächle, denn es gibt Menschen, die Mitleid empfinden, wenn die Grausamkeit der Mächtigen sich ausbreitet. Wundere dich nicht, dass ich lebendig aus dem Krieg zurückkehre, denn die Liebe trägt ein Zeichen, vor dem der Tod flieht, wenn er es erblickt; und der Feind, der es sieht, ist besiegt.

Ich bin es! Halte mich nicht für einen Geist, der aus der Welt der Wünsche kommt und einen Ort aufsucht, der von deiner Schönheit und deinem Schweigen erfüllt ist. Fürchte dich nicht, denn ich bin es wirklich, Geliebte! Ich bin dem Schwert und dem Feuer unversehrt entkommen, damit die Menschen den Sieg der Liebe über den Krieg erkennen. Ich bin ein Wort, das ein Mensch des Friedens gesprochen hat, um als Einleitung zu dienen für den Roman deines Glückes.»

Nach dieser langen Rede schwieg er und Tränen ersetzten seine Worte. Und während die Engel der Freude über der kleinen Hütte schwebten, nahmen sich die beiden Herzen

wieder, was sie bei ihrem Abschied verloren hatten.

Am frühen Morgen standen die beiden in der Mitte eines Feldes um die Schönheit der Natur zu bewundern. Nach einer Weile des Schweigens, in dem ihre Herzen Zwiesprache hielten, schaute der Soldat gen Osten und sagte zu seiner Geliebten:

«Sieh die Sonne, die aus dem Dunkel aufgeht!»

«Die vollkommene Welt»

Gott der verlorenen Seelen, der du verloren
bist unter allen Göttern, höre mich!
Gnädiges Schicksal, das über uns irren, wan-
dernden Seelen wacht, höre mich!
Ich lebe inmitten einer vollkommenen Welt,
ich, der Allerunvollkommenste.
Ich, ein menschliches Chaos, ein Nebel aus
vertauschten Elementen, bewege mich zwi-
schen vollendeten Welten – Menschen mit
Recht und Ordnung, mit rechten Gedanken,
mit geordneten Träumen, Wunschbildern, die
allseits bekannt und aufgezeichnet sind.
Ihre Tugenden, o Gott, sind abgemessen, ihre
Sünden abgewogen, und sogar jene zahllosen
Dinge im Zwielicht zwischen Tugend und
Sünde haben Rang und Ordnung.
Untadelige Gesetze schreiben vor, was bei Tag
und Nacht zu tun ist: Essen, trinken, schlafen,

seine Blößen bedecken und zur rechten Zeit müde zu sein. Arbeiten, spielen, singen, tanzen und still dazuliegen, wenn die Stunde schlägt. Dieses denken, jenes fühlen und mit Denken und Fühlen aufzuhören, wenn ein bestimmter Stern am Horizont erscheint.

Lächelnd einen Nachbarn auszurauben, huldvoll zu verschenken, von oben herab zu loben, vorsichtig zu tadeln, mit einem einzigen Wort eine Seele zu vernichten, mit einem Atemstoß einen Körper zu verbrennen und nach des Tages Arbeit die Hände zu waschen.

Zu lieben, wie sich's gehört, auf vorgeschriebene Art Kurzweil zu treiben, die Götter gebührend zu verehren, die Teufel kunstvoll an der Nase zu führen – und wenn es sein muss, alles zu vergessen, wie wenn die Erinnerung gestorben wäre.

An einer Idee Gefallen zu finden, mit Bedacht zu meditieren, inniglich das Glück zu genießen, vornehm zu leiden – und dann den Becher zu leeren, auf dass der morgige Tag ihn wieder fülle.

All diese Dinge, o Gott, werden mit Voraussicht geplant, zu ihrer Bestimmung in die Welt gesetzt, sorgsam gehegt, nach Regeln regiert, vom Verstand geführt und schließlich, wie es vorgeschrieben ist, geschlachtet und begraben. Und sogar die stillen Gräber in der menschlichen Seele sind gekennzeichnet und gezählt.

Eine vollkommene Welt ist es, eine Welt vollendeter Vortrefflichkeit, eine Welt grenzenloser Wunder, die reifste Frucht in Gottes Garten, der Meister-Gedanke des Universums.

Aber warum, o Gott, muss ich darin leben, ich, ein Samenkorn unausgereifter Leidenschaft, ein irrer Sturm, der nicht nach Ost und nicht nach Westen bläst, ein verheerter Überrest eines längst verbrannten Planeten?

O Gott der verlorenen Seelen, der du verloren bist unter allen Göttern, warum muss ich hier leben?

Vor dem Thron der Schönheit

Ich floh vor der Menschenmenge in ein weites Tal; bald folgte ich wandernd dem Lauf des Flusses, bald lauschte ich der Unterhaltung der Vögel, bis ich einen Platz erreichte, wo mich dichtes Gezweig vor den Blicken der Sonne schützte. Dort ließ ich mich nieder, plauderte mit meiner Einsamkeit und hielt Zwiesprache mit meiner Seele, einer dürstenden Seele, für die alles Sichtbare wie eine Luftspiegelung ist und alles Unsichtbare wie ein labender Trunk.

Und als mein Geist dem Gefängnis der Materie entflohen war, blickte ich mich um und sah ein Mädchen neben mir stehen. Es war eine Nymphe, die weder Gewand noch Schmuck trug, nur einen Zweig aus Weinreben, womit sie einen Teil ihres Körpers verbarg, und einen Kranz aus Anemonen, der ihre goldenen Haare zusammenhielt. Als sie mein Erstaunen und meine Verwirrung in meinen Blicken las, sagte sie:

«Ich bin die Tochter des Waldes. Hab keine Angst!»

Nachdem die Sanftheit ihrer Stimme mir Vertrauen eingeflößt hatte, fragte ich:

«Können Wesen wie du an einem Ort wohnen, wo Wildnis herrscht und wilde Tiere leben? Sag mir bei deinem Leben, wer bist du und woher kommst du?»

Sie setzte sich ins Gras und sagte:

«Ich bin ein Symbol der Natur. Ich bin die Jungfrau, die deine Vorfahren anbeteten und für die sie Altäre und Tempel in Baalbek, Afqa und Byblos errichteten.»

«Diese Tempel sind zerstört», sagte ich, «und die Gebeine meiner Vorfahren wurden zu Staub; von ihren Göttern und ihrer Religion bleibt nichts übrig außer einigen Seiten im Innern einiger Bücher.»

Sie antwortete: «Viele dieser Götter lebten im Leben ihrer Anbeter, und sie starben mit ihrem Tod. Doch es gibt andere, die als ewige himmlische Gottheiten leben. Meine Göttlichkeit lebt aus der Schönheit der Natur, die du überall wahrnimmst, wohin dein Auge blickt. Die gesamte Natur in all ihren Formen ist Schönheit; eine Schönheit, die für den Hirten auf den Hügeln, für den Dorfbewohner auf den Feldern und für die Beduinen auf ihren Wanderungen zwischen Gebirge und Küste der Beginn des Glückes ist und für den Weisen die Leiter zum Thron der Wahrheit, die nicht verletzt.»

Ich entgegnete: «In der Tat, die Schönheit ist eine furchtbare und schreckliche Macht!» Und dabei drückte das Klopfen meines Herzens aus, was meine Zunge nicht weiß.

Auf ihrem Mund erschien das Lächeln der Blumen und in ihren Augen das Geheimnis des Lebens, als sie sagte:

«Ihr Menschen fürchtet alles, sogar euch selbst. Ihr fürchtet den Himmel, der die Quelle des Friedens ist; ihr fürchtet die Natur, die euer Ruhelager ist. Ja, ihr fürchtet den Gott der Götter und unterstellt ihm Zorn und Hass; und wäre er nicht Liebe und Erbarmen, so wäre er nicht.»

Nach einer Weile angenehmster Träumerei fragte ich sie:

«Was ist Schönheit? Die Menschen haben die unterschiedlichsten Vorstellungen von ihr, und im Lob und in der Liebe zu ihr weichen sie voneinander ab.»

Sie antwortete:

«Schönheit ist, was deine Seele anzieht. Sie ist das, was du siehst und was dich veranlasst, zu geben statt zu nehmen. Sie ist das, was du fühlst, wenn du ihr begegnest und deine Hände ausstreckst um sie an dich zu ziehen. Sie ist das, was der Körper als Prüfung ansieht und der Geist als Geschenk. Sie ist die Eintracht zwischen Traurigkeit und Freude. Sie ist all das, was du als Verborgenes erkennst, als Unbekanntes ahnst und schweigend hörst. Sie ist eine Macht, die in deinem Allerheiligsten beginnt und jenseits deiner Visionen endet ...»

Die Tochter des Waldes näherte sich mir; sie legte ihre duftende Hand auf meine Augenlider, und als sie sich wieder entfernte, fand ich mich allein in diesem Tal. Ich ging zurück und meine Seele wiederholte:

«Die Schönheit ist das, was du siehst und was dich veranlasst, zu geben statt zu nehmen.»

Lied der Blume

Ich bin ein Wort,
das die Natur ausspricht;
dann nimmt sie es zurück,
verbirgt es in den Falten
ihres Herzens
und wiederholt es.
Ich bin ein Stern,
der aus blauem Himmel
auf einen grünen Teppich fällt.

Ich bin die Tochter der Elemente:
der Winter trug mich
in seinem Schoß,
der Frühling brachte mich
zur Welt,
der Sommer zog mich auf,
und der Herbst
sang mich in den Schlaf.

Ich bin ein Geschenk
an die Geliebte,
eine Brautkrone,
ich bin die letzte Gabe
eines Lebenden an einen Toten.

Am Morgen künden der Sephir und ich
die Ankunft des Lichtes an,
und am Abend sagen die Vögel und ich
ihm Lebewohl.

Ich lasse mich nieder auf den Wiesen
und schmücke sie.
Ich atme in den Wind
und parfümiere ihn
mit meinem Duft.

Ich umarme den Schlaf,
und die zahllosen Augen der Nacht
blicken mich an.
Ich erwarte den Morgen
um auf das eine Auge
des Tages zu schauen.

Ich trinke den Tau wie Wein
und lausche dem Lied der Drossel.
Unter dem Applaus des Grases
tanze ich.
Ich blicke stets nach oben
um nicht meinen Schatten,
sondern das Licht zu sehen.
Und dies ist eine Weisheit,
die der Mensch
noch nicht gelernt hat.

Vergangenheit und Zukunft

Ich sage euch, die Kinder von gestern gehen im Leichenzug der Ära, die sie für sich selbst erschaffen haben. Sie ziehen an einem verfaulten Seil, das bald reißen kann und verursachen wird, dass sie alle in einen vergessenen Abgrund stürzen. Ich sage euch, sie leben in Häusern mit schwachen Grundfesten. Wenn der Wind geht – und es hebt schon an zu stürmen –, werden ihnen ihre Häuser über dem Kopf zusammenfallen und zu ihren Gräbern und Grüften werden. Ich sage euch, alle ihre Gedanken, ihre Aussprüche, ihre Streitigkeiten, ihre Kompositionen, ihre Bücher und alle ihre Werke sind nichts als Ketten, die an ihnen ziehen, denn sie selbst sind zu schwach um die Last zu ertragen.

Die Kinder von morgen aber sind vom Leben

berufen. Sie folgen ihm mit festem Tritt und hocherhobenem Kopf. Sie sind die Morgenröte neuer Grenzen, kein Rauch wird ihre Augen vernebeln, kein Klirren von Ketten wird ihre Stimmen übertönen. Es sind nur wenige, aber sie unterscheiden sich von den anderen wie eine Weizenähre von einem Heuschober. Niemand kennt sie, sie aber erkennen einander. Sie gleichen den Gipfeln, die einander sehen und hören können, nicht den Höhlen, die taub und blind sind. Sie sind wie der Same, der die Schale durchbricht und seine Keimblätter vor dem Angesicht der Sonne darbietet. Er wird zu einem mächtigen Baum heranwachsen mit den Wurzeln im Herzen der Erde und den Ästen hoch im Himmel.

Die letzte Wache

Als die Nacht am weitesten fortgeschritten war und der erste Hauch der Morgendämmerung sich schon in den Wind mischte, verließ der Vorbote, der sich selbst als das Echo einer noch nicht vernommenen Stimme bezeichnet, seinen Schlafraum und stieg auf das flache Dach seines Hauses. Lange stand er dort und schaute auf die schlafende Stadt. Dann hob er seinen Kopf, und als hätten sich die schlaflosen Geister der schlummernden Bewohner um ihn versammelt, sprach er zu ihnen:

«Meine Freunde, meine Nachbarn und du, der du jeden Tag an meinem Gartentor vorüberkommst, lasst mich zu euch sprechen, während ihr noch schlaft! Ich möchte unverhüllt und ungehindert im Tal eurer Träume umhergehen, denn unaufmerksam und achtlos sind die Stunden eures Wachens und taub eure lärmbelasteten Ohren.

Lange und übermäßig habe ich euch geliebt! Jeden Einzelnen von euch liebe ich, als ob er alle zusammen wäre, und euch alle liebe ich, als ob ihr einer wäret.

Im Frühling meines Lebens sang ich in euren Gärten, und im Sommer meines Herzens hütete ich eure Tennen.

Ja, ich liebte euch alle, den Riesen ebenso wie den Zwerg, den Aussätzigen nicht weniger als den Gesalbten, und den, der im Dunkeln seinen Weg ertastet ebenso wie denjenigen, der auf den Berggipfeln tanzt.

Dich, den Starken, liebte ich, obgleich man noch die Narben in meinem Fleisch sieht, die von deinen Eisenhufen herrühren, und dich, den Schwächling, liebte ich, obwohl du meinen Glauben oft auf die Probe gestellt und meine Geduld überbeansprucht hast.

Dich, den Reichen, habe ich geliebt, wenn auch dein Honig meinem Mund bitter schmeckte, und dich, den Armen, obwohl du meine Scham angesichts meiner leeren Hände kennst.

Dich, den Sänger mit der geborgten Laute und den ungeübten Fingern, dich liebte ich in meiner Nachsicht ebenso wie den Gelehrten, der die Friedhöfe nach vermoderten Leichentüchern absucht.

Dich, den Priester, liebte ich, der im Schweigen von Gestern wohnt und das Schicksal des Morgen befragt.

Euch alle liebte ich, die ihr Götter verehrt, die das Spiegelbild eurer Wünsche und Sehnsüchte sind.

Dich, die dürstende Frau, deren Becher immer voll ist, liebte ich im Einverständnis, und dich, die Frau schlafloser Nächte, habe ich voll Mitleid geliebt.

Dich, den Redseligen, liebte ich, indem ich mir sagte: «Das Leben hat viel zu erzählen!» Und dich, den Schweigsamen, habe ich geliebt, indem ich dachte: «Drückt er nicht durch sein Schweigen aus, was ich gerne in Worten hören würde?»

Sogar dich, den Richter und Kunstkritiker, liebte ich, wenn ich auch nie vergesse, was du sagtest, als du mich gekreuzigt sahst, nämlich: «Sein Blut tropft im Takt, und das Muster, das sein vergossenes Blut auf seine Haut zeichnet, ist schön anzusehen!»

Ja, ich habe euch alle geliebt, die Jungen und die Alten, das zitternde Rohr und die Eiche.

Doch das Übermaß meiner Liebe bewirkte, dass ihr euch von mir abwandtet. Ihr wolltet die Liebe schluckweise aus einem Becher trinken und nicht von der sprudelnden Quelle. Ihr wolltet das sanfte Geflüster der Liebe hören, wenn sie aber schreit, dann haltet ihr euch die Ohren zu.

Weil ich euch alle ohne Ausnahme und ohne Unterschied liebte, habt ihr gesagt: «Sein Herz ist zu willfährig und seine Pfade zu unentschieden. Seine Liebe ist die eines Anspruchslosen, der sich mit Brosamen zufrieden gibt, selbst wenn er an einer königlichen Tafel sitzt. Es ist die Liebe eines Schwächlings, denn die Starken lieben nur ihresgleichen.»

Weil ich euch so übermäßig liebte, sagtet ihr euch: «Seine Liebe ist die Liebe eines Blinden, der nicht unterscheiden kann zwischen der Schönheit des einen und der Hässlichkeit des anderen. Es ist die Liebe eines Menschen, der keinen Geschmack hat und der Essig für Wein hält. Auch ist es die Liebe eines aufdringlichen und anmaßenden Menschen, denn welcher Fremde sollte uns wie Mutter oder Vater, wie Schwester oder Bruder lieben?»

Dies sagtet ihr und noch mehr! Oft zeigtet ihr auf dem Marktplatz mit den Fingern auf mich und spottetet:

«Da geht er, der kein Alter kennt, der Mann ohne Jahreszeiten, der um die Mittagszeit mit unseren Kindern spielt und abends mit den Ältesten zusammensitzt und Weisheit und Verständnis vorgibt.»

Da sagte ich mir: «Ich will sie mehr lieben, ja noch mehr lieben! – Aber ich will meiner Liebe den Anschein des Hasses geben und meine Zärtlichkeit hinter Strenge verbergen; ich werde mir eine eiserne Maske anlegen, und ich werde sie nur noch in dieser Tarnung aufsuchen!»

Von da an lenkte ich euch mit fester Hand, und wie nächtlicher Sturm dröhnte meine Stimme in euren Ohren.

In aller Öffentlichkeit schimpfte ich euch Heuchler und Schwindler.

Die Kurzsichtigen unter euch bezeichnete ich als blinde Fledermäuse, und diejenigen, welche die Erde liebten, als geistlose Maulwürfe.

Die Redegewandten nannte ich doppelzüngig, die Schweigsamen mundfaul und die Einfältigen schimpfte ich Todgeweihte, die sich gegen den Tod nicht wehren.

Den Weltklugen warf ich vor, den Heiligen Geist zu beleidigen, und die Frommen bezeichnete ich als Schattenfänger, die ihre Netze in trübes Wasser auswerfen und nichts als ihr eigenes Bild einfangen.

Auf diese Weise verurteilte ich euch alle mit meinen Lippen, während mein Herz blutete und euch mit zärtlichen Namen rief.

Es war meine von euch verspottete und verhöhnte Liebe, die so sprach. Es war der halb erschlagene Stolz, der noch im Staub zuckte. Es war mein Hunger nach eurer Liebe, der euch in aller Öffentlichkeit verurteilte, während meine Liebe zu euch schweigend auf den Knien lag und euch um Verzeihung bat.

Und siehe da, ein Wunder geschah!

Meine Maskierung öffnete eure Augen und mein zur Schau gestellter Hass weckte die Liebe in euren Herzen. Und nun liebt ihr mich! Denn ihr liebt die Schwerter, die euer Fleisch durchbohren, und die Pfeile, die in eure Brust dringen. Es gelüstet euch danach, verwundet zu werden, und ihr seid erst berauscht, wenn ihr von eurem eigenen Blut trinkt.

Wie Motten, die die Vernichtung in den Flammen suchen, so versammelt ihr euch täglich in meinem Garten. Mit erhobenen Gesichtern und begeisterten Blicken seht ihr zu, wie ich niederreiße, was ihr am Tag aufgebaut habt! Und flüsternd sagt ihr untereinander: «Er sieht im Lichte Gottes! Er spricht wie unsere alten Propheten! Er enthüllt das Innerste

unserer Seelen und legt unsere Herzen bloß!
Wie der Adler die Wege der Füchse kennt, so
kennt er unsere Wege.»

Ja, ich kenne eure Wege, aber so wie der Adler
die Wege seiner Jungen kennt. Zu gerne würde ich euch in mein Geheimnis einweihen.
Aber da ich eure Nähe brauche, täusche ich
Entfremdung und Gleichgültigkeit vor. Aus
Furcht vor der Ebbe eurer Liebe richte ich vor
den Fluten meiner Liebe Dämme auf.

Nach diesen Worten bedeckte der Vorbote
sein Gesicht mit den Händen und weinte bitterlich. Denn er wusste in seinem Herzen,
dass die Liebe, die sich ihrer Blöße wegen
demütigen lässt, größer ist als die Liebe, die
ihrer Verstellung und Maskierung wegen tri-
umphiert; und er war beschämt.

Nach einer Weile erhob er plötzlich seinen
Kopf, und wie jemand, der aus dem Schlaf er-
wacht, streckte er seine Arme aus und sprach:
«Die Nacht ist vorüber, und wir Kinder der
Nacht müssen sterben, wenn die Morgendäm-
merung anbricht und über den Hügel hüpft.

Und aus unserer Asche wird sich eine größere Liebe erheben. Sie wird der Sonne ins Gesicht lachen, und sie wird unsterblich sein.»

Aus der Tiefe meines Herzens

Aus der Tiefe meines Herzens erhob sich ein Vogel und flog himmelwärts.
Höher und höher schwang er sich empor und wurde dabei zusehends größer.
Zuerst war er so groß wie eine Schwalbe, dann wie eine Lerche, später hatte er die Größe eines Adlers, dann die einer Frühlingswolke, und schließlich füllte er den gesamten gestirnten Himmel.
Aus der Tiefe meines Herzens flog ein Vogel himmelwärts; je höher er flog, umso größer wurde er. Doch er verließ mein Herz nicht.

O mein Glaube, mein ungebändigtes Wissen, wie kann ich mich zu deinen Höhen emporschwingen und mit dir des Menschen größeres Ich entdecken, das in den Himmel geschrieben ist?

Wie kann ich das Meer in mir in Nebel verwandeln, um auf diese Weise mit dir aufzusteigen – in unbegrenzte Räume?

Wie kann jemand, der im Tempel eingeschlossen ist, seine goldenen Türme und Kuppeln sehen?

Wie kann der Kern einer Frucht die ganze Frucht umschließen?

O mein Glaube, ich bin angekettet hinter diesen Stäben aus Silber und Ebenholz, und ich kann nicht mit dir fliegen.

Aber es ist mein Herz, aus dem du kommst und zum Himmel emporsteigst, es ist mein Herz, das dich hält. Und das soll mir genügen.

Gestern und heute

Ein reicher Mann ging im Garten seines Palastes spazieren; die Sorge folgte ihm auf den Fersen, und über seinem Kopf flatterte die Unruhe wie Geier über einem Kadaver; so erreichte er einen von Marmorstatuen umgebenen See, der von Menschenhand angelegt worden war. Er setzte sich ans Ufer und betrachtete bald den Wasserstrahl, der aus den Mündern der Statuen hervorsprudelte wie die Gedanken aus der Vorstellung eines Liebhabers – bald blickte er auf sein herrliches Schloss, das auf einem Hügel lag wie ein Muttermal auf der Wange eines Mädchens.

Während er dort saß, leistete ihm die Erinnerung Gesellschaft, und sie breitete vor seinen Augen die Seiten aus, welche die Vergangenheit in den Roman seines Lebens geschrieben hatte.

Seine Tränen verschleierten mehr und mehr den Blick auf das, was der Mensch hier geschaffen hatte, und der Kummer rief in seinem Herzen die Tage zurück, welche die Götter gewebt hatten. Und sein Schmerz floss in seine Worte, als er sagte:

«Gestern hütete ich meine Schafe auf den grünen Hügeln; ich freute mich meines Lebens und brachte mein Glück auf meiner Flöte zum Ausdruck. Heute bin ich ein Gefangener meiner Begierden. Das Geld führte mich zum Wohlstand, der Wohlstand zur Sorge, die Sorge zur Verzweiflung. Gestern war ich wie ein singender Vogel und wie ein schwebender Schmetterling. Keine Brise berührte die Köpfe der Gräser sanfter als meine Schritte das Feld.

Nun bin ich ein Gefangener der Gepflogenheiten der Gesellschaft. Ich kleide mich und verhalte mich, um den Menschen und ihren Moden zu gefallen. Und ich wünschte geboren zu sein, um mich meines Lebens zu erfreuen. Doch der Reichtum zwingt mich, auf den Pfaden der Sorge zu gehen. Ich bin wie ein Kamel, das schwer beladen ist mit Gold und unter dieser Last zugrunde geht.

Wo sind die weiten Ebenen und die rauschenden Bäche? Wo sind die reine Luft und die Pracht der Natur? Wo ist meine Göttlichkeit? All dies habe ich verloren, und stattdessen bleibt mir nichts als das Gold, dem ich nachlaufe und das sich über mich lustig macht, viele Sklaven und wenig Freude und ein Palast, den ich erbaute, während er mein Glück zerstörte.

Gestern begleitete ich die Tochter der Beduinen, und die Unschuld war die Dritte im Bunde. Die Liebe war unsere Vertraute und der Mond unser Wächter. Heute umgeben mich Frauen mit hoch aufgerichteten Hälsen, die mit den Augen zwinkern und ihre Schönheit für Halsketten, Ringe und Gürtel verkaufen.

Gestern war ich umgeben von jungen Gespielinnen; wie Gazellen hüpften wir zwischen den Bäumen. Wir erfreuten uns an der Natur und besangen sie. Heute bin ich ein Lamm inmitten von Wölfen.

Auf der Straße richten sich hasserfüllte Blicke auf mich, und neidische Finger zeigen auf mich. Nichts als finstere Gesichter sehe ich und hocherhobene Köpfe.

Gestern war mir das Leben geschenkt und die Schönheit der Natur; heute bin ich dieser Güter beraubt. Gestern war ich reich in meinem Glück, heute bin ich arm trotz meines Reichtums. Gestern war ich bei meinen Schafen ein gütiger Herrscher inmitten seiner Untertanen; heute bin ich dem Geld gegenüber wie ein furchtsamer Sklave vor seinem willkürlichen Herrn.

Ich ahnte nicht, dass das Gold das Auge meiner Seele blenden würde, so dass sie zu einer Grotte der Unwissenheit wird. Und ich wusste nicht, dass das Leben, das die Menschen rühmen, in Wirklichkeit eine Hölle ist.»

Der Reiche erhob sich von seinem Platz und schritt langsam auf seinen Palast zu, während er seufzend fortfuhr:

«Ist das Geld der Gott, dessen Priester ich wurde? Ist es das Geld, was wir ein Leben lang suchen, und dann nicht eintauschen können gegen ein Körnchen Leben? Wer kann mir für einen Zentner Gold einen schönen Gedanken verkaufen? Wer kann mir für eine Hand voll Schätze aus meinem Tresor einen Augenblick der Liebe geben? Wer vermag mir für all meinen Reichtum ein Auge zu leihen, das die Schönheit sieht?»

Als er sich dem Tor seines Palastes näherte, drehte er sich um und schaute auf die Stadt, wie Jeremias auf Jerusalem geblickt hatte. Er zeigte auf sie mit seiner Hand, und als ob er eine Totenklage anstimmen wollte, rief er mit lauter Stimme:

«O Volk, das im Dunkeln geht und im Schatten des Todes weilt, o Volk, das dem Unglück nachjagt, die Zeit mit Nichtstun verbringt und in Unwissenheit redet, bis wann wirst du Dornen und Disteln essen und die Früchte und Kräuter wegwerfen? Bis wann willst du auf unwegsamen Plätzen wohnen und den Gärten des Lebens den Rücken kehren? Warum trägst du zerschlissene und abgetragene Kleider, wo doch damaszenische Seidengewänder für dich bereitliegen?

O Volk, die Lampe der Weisheit ist verloschen. Fülle sie mit Öl auf! Der Wegelagerer droht den Weinberg des Glücks zu zerstören. Bewache ihn gut! Der Räuber hat es auf die Schätze deiner Ruhe abgesehen. Hab Acht auf sie!»

In diesem Augenblick sah er einen armen Mann vor sich, der um ein Almosen bettelte. Der Reiche sah ihn an, seine zitternden Lippen wurden entschlossen, seine traurige Gestalt straffte sich, und seine Augen begannen zu strahlen. Das Gestern, das er am See beklagt hatte, kam heute zu ihm und grüßte ihn. Er näherte sich dem Bettler und umarmte ihn mit brüderlichem Kuss. Dann füllte er seine Hände mit Gold und sagte:

«Nimm dies für heute, mein Bruder! Und morgen komm mit deinen Freunden zurück, und holt euch, was euch zusteht!»

Der Arme lächelte wie eine verwelkte Blume bei der Rückkehr des Regens. Dann ging er eilig weg. Der Reiche betrat seinen Palast, indem er sagte:

«Alle Dinge des Lebens sind gut – selbst das Geld –, denn sie erteilen dem Menschen eine Lehre. Das Geld ist wie ein Musikinstrument; derjenige, der es nicht zu spielen versteht, hört nichts als Missklänge. Und wie bei der Liebe, so verhält es sich auch mit dem Reichtum: Er tötet denjenigen, der ihn für sich behält, doch demjenigen, der ihn weitergibt, schenkt er Leben.»

Schlusswort

Meine Seele ist meine Gefährtin, die mich stärkt, wenn das Unglück der Tage mich zu erdrücken droht, und die mich tröstet, wenn die Schwierigkeiten des Lebens sich mehren. Wer nicht der Freund seiner Seele ist, ist ein Feind der Menschen. Und wer nicht sein eigener Vertrauter ist, stirbt vor Verzweiflung, denn das Leben entspringt im Innern eines Menschen und kommt nicht von dem, was ihn umgibt.

Ich bin in diese Welt gekommen, um ein Wort zu sagen, und ich werde es aussprechen. Doch wenn der Tod mich holt, bevor ich dieses Wort ausgesprochen habe, dann wird es das Morgen verkünden, denn nichts wird verborgen bleiben im Buch der Unendlichkeit.

Ich bin in die Welt gekommen, um im Glanz der Liebe und im Licht der Schönheit zu leben. Und siehe, ich bin lebendig! Die Menschen können mich nicht von meinem Leben trennen. Sollten sie mir mein Augenlicht nehmen, so würde ich den Liedern der Liebe und den Melodien der Schönheit lauschen; sollten sie mir mein Gehör rauben, so würde ich mich an der zärtlichen Berührung der Brise erfreuen, die erfüllt ist von den Seufzern der Liebenden und vom Duft der Schönheit. Und wäre mir auch das verweigert, so würde ich mich mit meiner Seele trösten, denn sie ist die Tochter der Liebe und der Schönheit.

Ich bin in diese Welt gekommen, um für alle und in allen zu sein. Was ich heute in meiner Einsamkeit tue, wird das Morgen allen offenbaren. Was ich jetzt mit einer Zunge sage, werden in Zukunft tausend Zungen verkünden.

Quellenverzeichnis

S. 9, 22, 27, 31, 35, 42, 57 aus: *Der Narr. Lebensweisheit in Parabeln.* Aus dem Englischen von Florian Langegger. Walter Verlag, Düsseldorf und Zürich, 1998.

S. 29, 33, 70, 79 aus: *Der Vorbote. Gleichnisse und Gedichte.* Aus dem Englischen von Ursula Assaf-Nowak. Walter Verlag, Düsseldorf und Zürich, 3. Auflage 1995.

S. 11, 14, 17, 39, 45, 48, 53, 60, 65, 81, 88 aus: *Eine Träne und ein Lächeln.* Aus dem Arabischen von Ursula Assaf-Nowak und Simon Yussuf Assaf. Walter Verlag, Düsseldorf und Zürich, 4. Auflage 1998.

S. 5, 25, 38, 68 aus: *Das Reich der Ideen. Aphorismen und Betrachtungen.* Herausgegeben von Joseph Sheban. Aus dem Englischen von Eva Hirsch. Walter Verlag, Düsseldorf und Zürich, 8. Auflage 1995.

Kahlil Gibran

Der Prophet

WALTER

Seit seinem Erscheinen
ist «Der Prophet» ein
Kultbuch über alle
Generationen hinweg.
Die Klarheit seiner
Reden über die Liebe,
die Freiheit, den
Schmerz etwa,
fasziniert noch heute.

Große Ausgabe
Mit vierfarbigen
Illustrationen
von Khalil Gibran
Neu übersetzt von U. Assaf
96 S. Format 20 x 22 cm
Gebunden mit
Schutzumschlag
ISBN 3-530-26803-8

patmos
VERLAGSHAUS

Kleine Ausgabe
Mit vierfarbigen
Illustrationen
von Stefanie Nickel
96 S. Format 10 x 15 cm
Gebunden mit
Schutzumschlag
ISBN 3-530-26802-X

Taschenbuch
Mit vierfarbigen
Illustrationen
von Stefanie Nickel
96 S. Format 11 x 18 cm
ISBN 3-530-26800-3

Minibroschur
128 S. Format 7,5 x 11,5 cm
ISBN 3-530-26801-1

MC und CD
Interpret: Otto Sander
Musik: Herman Nachring
MC in Jewelcase
3-491-91093-5
CD 3-491-91092-7

Khalil Gibran
Der Wanderer
96 S. Format 10 x 15 cm
mit vierfarbigen
Abbildungen
von Stefanie und
Wolfgang Nickel
Gebunden mit
Schutzumschlag
ISBN 3-530-26806-2

Khalil Gibran vollendete den «Wanderer» wenige
Tage vor seinem Tod. Noch einmal hat er sich in
dieser Sammlung wunderschöner Gleichnisse und
Fabeln den Dingen gewidmet, die ihn zeit seines
Lebens bewegten: Schönheit und Hässlichkeit,
Freud und Leid, Freiheit und Unterdrückung, Lie-
be und Hass, Seele und Leib, Gott und Mensch.

Khalil Gibran
Die Rückkehr
des Propheten
Mit vierfarbigen
Illustrationen
von Stefanie Nickel
96 S. Format 10 x 15 cm
ISBN 3-530-26805-4

Als Khalil Gibran sein Buch «Der Prophet»
schrieb, sollte es der erste Teil einer Trilogie
sein. «Die Rückkehr des Propheten» ist der
zweite Teil, dessen Veröffentlichung der Poet
des Libanon jedoch nicht mehr erleben sollte.
Das Vermächtnis Gibrans, ein Werk voller Poesie
und Weisheit, öffnet den Blick für die Wunder
der Erde und die zerbrechliche Beziehung des
Menschen zur Natur. Eine inspirierende Reise in
die Welt des Propheten.